ENCONTROS PARA NOVOS CASAIS

André Luís Kawahala
Rita Massarico Kawahala

ENCONTROS PARA NOVOS CASAIS

VOLUME 2

LIVRO DO CASAL

Dados Internacionais de Catalogação na Publicação (CIP)
(Câmara Brasileira do Livro, SP, Brasil)

Kawahala, André Luís
    Encontros para novos casais : livro do casal, volume 2 / André Luís
Kawahala, Rita Massarico Kawahala. – São Paulo : Paulinas, 2011. –
(Coleção pastoral familiar)

    ISBN 978-85-356-2821-0

    1. Casais - Relações interpessoais   2. Casamento - Aspectos
religiosos - Igreja Católica   3. Comunicação no casamento 4. Homem
- Mulher   I. Kawahala, Rita Massarico. II. Título.   III. Série.

11-04683   CDD-259.1

Índice para catálogo sistemático:
1. Dinâmicas e vivências para recém-casados : Pastoral da família : Cristianismo   259.1

Citações bíblicas: *Bíblia Sagrada*. Tradução da CNBB. 7. ed., 2008.

Direção-geral:	Bernadete Boff
Editora responsável:	Andréia Schweitzer
Copidesque:	Ana Cecilia Mari
Coordenação de revisão:	Marina Mendonça
Revisão:	Ruth Mitzuie Kluska
Assistente de arte:	Sandra Braga
Gerente de produção:	Felício Calegaro Neto
Projeto gráfico:	Manuel Rebelato Miramontes

1ª edição – 2011
5ª reimpressão – 2021

Nenhuma parte desta obra poderá ser reproduzida ou transmitida
por qualquer forma e/ou quaisquer meios (eletrônico ou mecânico,
incluindo fotocópia e gravação) ou arquivada em qualquer sistema ou
banco de dados sem permissão escrita da Editora. Direitos reservados.

Paulinas

Rua Dona Inácia Uchoa, 62
04110-020 – São Paulo – SP (Brasil)
Tel.: (11) 2125-3500
http://www.paulinas.com.br – editora@paulinas.com.br
Telemarketing e SAC: 0800-7010081
© Pia Sociedade Filhas de São Paulo – São Paulo, 2011

Aos nossos amigos da Pastoral
que nos ajudam a ser uma família cristã.
Aos religiosos e religiosas que passaram por nossas vidas
nos incentivando e apoiando em nossa conversão diária.
Agradecimento especial ao Nícolas,
nosso maravilhoso filho,
por permitir que doemos vários finais de semana
para sermos discípulos missionários.
Ao meu amado André, por nosso contínuo namoro...
que Deus Pai, Filho e Espírito Santo continuem
derramando seus dons e bênçãos sobre ele.

Ritinha

Aos grupos de novos casais que já existiam
e aos que começaram agora...
Às pessoas que temos encontrado em todo o Brasil
e que participaram de nossas formações
e estão levando adiante o trabalho de acolher os novos casais.
Ao Nícolas, nosso filho amado, que é a motivação
para continuarmos lutando por famílias que cultivem
verdadeiros valores humanos e cristãos,
pois serão os filhos dessas famílias que conviverão
com ele e sua futura esposa.
À Rita, minha vida, a quem devo muito,
que Deus a conserve sempre pura
e plena de fé, esperança e amor.

André

Sumário

Introdução 9

Orações para todos os encontros 15

13º Encontro – Entre quatro paredes: a intimidade conjugal 19

14º Encontro – Esfriou a relação: "Mas quando nós namorávamos... O que mudou agora?" 25

15º Encontro – Um dia ruim e, depois, outro pior. Será que vai melhorar? A esperança nos contratempos da vida 31

16º Encontro – E quando alguém erra? A prática do perdão .. 37

17º Encontro – Quem é o melhor? 43

18º Encontro – Segredos ou apenas "esquecimentos"? 49

19º Encontro – Como planejar os filhos? Planejamento familiar no dia a dia 55

20º Encontro – As realidades conjugais e familiares que vemos por aí 61

21º Encontro – Estamos preparando um mundo novo? 67

22º Encontro – E quando chegarem os filhos? 73

23º Encontro – A quem iremos, Senhor? 79

24º Encontro – Família, imagem de Deus 85

Encontro extra – Modismos, ameaças ou perigos reais? 91

Introdução

Encontros para novos casais

Após o lançamento do primeiro volume de *Encontros para novos casais*, livros do agente e do casal, em que foi possível partilhar a nossa experiência no serviço pastoral aos casais mais jovens, pudemos perceber o quanto a Igreja, que já tinha em si a preocupação com a acolhida e o encaminhamento de vida dos recém-casados, foi receptiva ao projeto e assumiu a preocupação de levá-lo adiante.

Caminhamos bastante por todo o Brasil divulgando e formando agentes para o trabalho com os jovens casais e, em cada oportunidade, propagamos, junto à nossa experiência da prática pastoral, o apelo insistente da Igreja em favor dos que se unem pelo sacramento do Matrimônio. Vale aqui citar algumas dessas passagens, começando pela exortação apostólica pós-sinodal *Familiaris Consortio: A missão da família cristã no mundo de hoje*:

> Mais uma vez se manifesta com toda a urgência a necessidade de uma evangelização e catequese pré e pós-matrimoniais, feitas por toda a comunidade cristã, para que cada homem e cada mulher que se casam o possam fazer de modo a celebrarem o sacramento do Matrimônio não só válida, mas também frutuosamente.

O cuidado pastoral da família regularmente constituída significa, em concreto, o empenho de todos os membros da comunidade eclesial local em ajudar o casal a descobrir e a viver a sua nova vocação e missão. [...] Isto vale, sobretudo, para as famílias jovens, as quais, encontrando-se num contexto de novos valores e de novas responsabilidades, estão mais expostas, especialmente nos primeiros anos de Matrimônio, a eventuais dificuldades, como as criadas pela adaptação à vida em comum ou pelo nascimento dos filhos (nn. 68 e 69).

Sabemos e conhecemos o empenho com o qual as equipes que trabalham com os noivos se dedicam à "catequese pré" desses jovens que desejam celebrar o sacramento do Matrimônio. São agentes de um importante serviço que tem suas raízes no pedido feito pela Igreja desde a publicação da constituição pastoral *Gaudium et Spes*, do Concílio Vaticano II, em 1965, que já pedia em seu n. 52: "As diferentes obras, sobretudo as associações de famílias, procurem fortalecer com a doutrina e a ação os jovens e os esposos, especialmente os casados de há pouco, e formá-los para a vida familiar, social e apostólica". Destaque-se a frase "especialmente os casados de há pouco", porque representa o primeiro apelo a um serviço que venha aos encontro dos recém-casados, que é um importante complemento ao trabalho de preparação dos noivos.

Sempre atenta a essas importantes exortações do Magistério da Igreja, a Conferência Nacional dos Bispos do Brasil (CNBB) incluiu no *Diretório da Pastoral Familiar*, aprovado na 42ª Assembleia Geral dos Bispos de 2004, o seguinte apelo:

A primeira década de vida conjugal constitui uma fase de grande importância na vida do casal. É o momento de ambos se conhecerem e consolidarem a sua união. Estatísticas indicam que a maior parte dos divórcios ocorre na primeira década do casamento. Esse fato exige que a Pastoral Familiar acompanhe os casais especialmente nessa fase do seu desenvolvimento matrimonial.

É preciso construir uma comunidade paroquial viva, capaz de acolher os novos esposos e testemunhar os valores da família. Para isso é necessário preparar agentes de pastoral aptos para estreitarem a amizade com esses casais e conseguirem que venham a se inserir na comunidade eclesial.

Diante da imaturidade e das primeiras crises do casal, esse hedonismo e o caráter provisório com que frequentemente é encarada a relação matrimonial podem representar uma perigosa tentação ou desvio: abrem-se as portas para uma eventual separação.

A ação pastoral organize equipes de apoio para desencadear um processo pedagógico de aproximação ou manutenção do vínculo dos novos casais com a comunidade eclesial. Seja por meio de visitas domiciliares e conversas, seja por meio de reuniões de grupo, retiros e encontros. Ao mesmo tempo, cumpre ajudar os casais a encontrar na comunidade acolhida e respostas aos problemas dos primeiros anos de vida matrimonial (nn. 279-282).

Esse pedido ecoou em nosso coração logo na primeira vez em que fizemos a leitura do *Diretório*, principalmente porque, desde 1997, nossa preocupação pastoral sempre esteve voltada para o serviço na preparação ao sacramento do Matrimônio e para o atendimento dos casais recém-casados, que recebíamos em nossa casa ou que visitávamos. O *Diretório da Pastoral Familiar* confirmou-nos a necessidade de um trabalho mais organizado e permanente, que pudesse ser desenvolvido pelos agentes de pastoral e pelas próprias comunidades. Um trabalho organizado, mas simples na sua aplicação. Por isso, pensamos nessa forma missionária de trabalho, realizando círculos de encontros através de visitas domiciliares periódicas nas residências dos jovens casais, sempre refletindo um tema sobre o relacionamento. Para facilitar a preparação dos agentes que desejassem realizar esse serviço, oferecemos a proposta do livro do agente, com os encontros explicados e com referências sobre onde encontrar mais informações para a preparação e condução de cada reunião.

Quando, enfim, tivemos acesso ao texto resultante da V Conferência Geral do Episcopado Latino-americano: o *Documento de Aparecida*, que aponta com grande clareza e objetividade a direção para o trabalho com as famílias, consolidamos nossa certeza de que o serviço aos novos casais constitui a preparação de uma nova geração de famílias evangelizadoras:

> Para tutelar e apoiar a família, a pastoral familiar pode estimular, entre outras, as seguintes ações: [...]
> b) Estimular projetos que promovam famílias evangelizadas e evangelizadoras. [...]
> e) Estimular e promover a educação integral dos membros da família, [...] incluindo a dimensão do amor e da sexualidade. [...]
> g) Estabelecer programas de formação, atenção e acompanhamento para a paternidade e a maternidade responsáveis (n. 437).

Diante de tantos pedidos da Igreja, as comunidades não podem calar-se ou omitir-se de avançar nessas águas profundas. Nós pensamos assim! Sentimos também um chamado de Deus e decidimos colocar em prática o que aprendemos e vivemos. Queremos incentivar todas as pessoas que cultivam em seu coração essa mesma preocupação a fazer essa caminhada de formação e fortalecimento das novas famílias que nascem dentro das comunidades.

Portanto, este segundo volume dos *Encontros para novos casais* é uma continuidade e um aprofundamento do volume anterior. Segue a mesma pedagogia para os encontros, em que, no livro do agente, se pode buscar o conhecimento para a preparação de cada encontro, cujo roteiro encontra-se no livro do casal.

E, por fim, não poderíamos terminar esta introdução sem dizer que, através de inúmeras manifestações e testemunhos recebidos por e-mail e presencialmente nas formações sobre os "Encontros para novos casais" em todo o Brasil, descobrimos que Deus faz muito mais do que podemos esperar. Foram diversos os relatos de casais que afirmaram ter superado problemas dos primeiros anos de casamento refletindo os encontros, que nos foram inspirados por Deus. Mais: outros casais já mais experientes também nos testemunharam que puderam renovar e reencontrar o caminho refletindo sobre sua relação conjugal e familiar com a ajuda de tais encontros.

Além disso, este material, que no início era dedicado apenas aos recém-casados, hoje está servindo também às equipes de preparação ao sacramento do Matrimônio, que utiliza alguns temas nas palestras; aos grupos que trabalham com os casais que legitimam suas uniões celebrando o Matrimônio na Igreja, pois eles também são novos casais, apesar do tempo que já viveram juntos; e, por fim, recebemos alguns relatos de que grupos de casais em segunda união também estão refletindo os temas dos livros, em suas reuniões mensais, como forma de catequese através do estudo e da partilha da Palavra e da vida.

Esperamos que, com estes novos livros, os horizontes do trabalho com as famílias se alarguem ainda mais, conforme a vontade e o projeto de nosso Deus e Pai.

Orações para todos os encontros

Oração dos novos casais

(Esta oração serve para todas as ocasiões, para pedir a Deus força na caminhada matrimonial.)

Deus Pai de bondade,
que, por Amor, criastes o homem e a mulher
à sua imagem e semelhança
e que desejastes, desde o princípio,
unir duas pessoas distintas em uma só carne,
ajudai-nos a manter firme e inquebrantável
a nossa aliança conjugal,
fazendo com que a terceira pessoa do nosso Matrimônio
seja sempre o vosso Espírito Santo.
Que convosco possamos trilhar nosso caminho,
como novos casais,
testemunhando a todos
tudo o que nos fazeis de bom em vossa Misericórdia.
Não permitais, Senhor,
que nos afastemos de vós e de vosso projeto,
para que possamos cumprir a missão
que nos destes, no dia de nosso casamento.

Abençoai-nos, Pai de Amor,
e que, por Jesus Cristo,
possamos buscar a santidade como casal,
para alcançarmos, um dia, juntos,
a Graça dos Céus. Amém!
Sagrada Família, rogai por nós.

Oração inicial

(Esta oração deve ser utilizada no início de cada encontro dos casais.)

Senhor Deus, Pai amoroso e misericordioso,
que nos reunis em comunidade
e que nos trouxestes aqui.
A vós pedimos, humildemente,
que envieis o Espírito Santo sobre nossa reunião,
para que em seus dons possamos nos amparar.
Auxiliai-nos em nossas dificuldades
e enchei-nos do Santo Temor,
para que possamos descobrir, nestes momentos,
o que realmente quereis de nós.
Em nome do Senhor Jesus,
que está presente entre os que se reúnem em seu nome,
vos pedimos a força e a coragem
para sermos fiéis seguidores de vossa lei.
Maria, mãe santíssima,
intercedei por nós, casais a caminho.
Amém!

Oração final

(Esta oração deve ser utilizada ao final de cada encontro dos casais.)

Nós vos agradecemos, Deus Pai,
por tudo que nos ofereceis diariamente.
Agradecemos pela vida,
dom valioso e incomparável.
Agradecemos pelas graças que derramais
copiosamente sobre nossos lares.
Agradecemos por nossa união matrimonial
e pelo amor que nos une mais e mais cada dia.
Agradecemos, por fim,
por este encontro que agora terminamos.
Que vossa Palavra caia como semente boa em nosso coração
e possa encontrar a terra propícia
para frutificar como quereis.
Ficai conosco, Senhor,
pois queremos,
dentro de nossa condição humana,
buscar a santidade, para podermos, um dia,
adentrar o Lar Eterno,
que o próprio Cristo nos foi preparar.
Fortalecei-nos e guardai-nos em vosso amor.
Amém!

Pai-nosso.
Ave-maria.
Glória.

13º ENCONTRO

Entre quatro paredes: a intimidade conjugal

Para início de conversa

Dirigente: O recolhimento da intimidade acontece dentro de quatro paredes. Quanta curiosidade isso desperta nas pessoas! Neste nosso encontro, vamos refletir um pouco sobre a beleza da intimidade e sobre como protegê-la dos curiosos.

Iniciemos com nossa oração.

Tarefas do encontro anterior

- *Tarefa do casal:* Vocês conversaram sobre as possíveis situações de dominação em seu casamento? Como foi essa experiência de falar sobre dominar e ser dominado?

- *Tarefa do grupo:* O grupo conseguiu conversar sobre a questão da possessividade nos nossos dias? Isso, de fato, ainda existe?

Algumas questões comuns dos lares de recém-casados

- Por que as pessoas ficam tentando especular sobre nossa vida íntima?
- Nas conversas que temos com amigos, geralmente surge o assunto sexo. Por quê?
- Por que é tão difícil fazer as pessoas entenderem que a gente não gosta de falar sobre sexo?
- Na TV, nas revistas e na internet, sempre aparece algo relacionado a sexo. Por quê?

Dinâmica

A dinâmica deste encontro é bastante simples. Precisaremos de tabletinhos de goma de mascar, de preferência de um sabor bem marcante e doce. Um primeiro tabletinho deverá ser dividido em partes iguais, com toda a higiene necessária, para todas as pessoas presentes no encontro, ou seja, deverá ser fracionado em oito ou até dez pedacinhos, no caso de grupos que tenham quatro casais de recém-casados, pois o casal dirigente também vai participar da dinâmica. Após a fração do tabletinho, cada pessoa pegará um pedacinho e vai mascá-lo. É possível sentir o sabor do confeito quando ele é tão pequenininho?

Depois, vamos pegar um tabletinho de goma de mascar para cada casal participante do encontro. Vamos dividir o tabletinho em apenas dois pedaços e cada cônjuge pegará uma metade para mascar. E agora? O sabor pode ser mais bem sentido?

Vamos refletir como essa experiência pode ser comparada com a intimidade conjugal. Será que o sabor da união pode ser verdadeiramente sentido quando se divide com tantas pessoas? O segredo da intimidade pode ser dividido?

A Palavra de Deus

A Palavra que nos é proposta hoje está na Primeira Carta de São Paulo aos Coríntios, capítulo 7, versículos 1 a 9.

Vamos atualizar a Palavra para os nossos dias

Quem não recebe de Deus o dom da vocação ao celibato, recebe o dom da vocação ao Matrimônio.

Regra para não cair na imoralidade: cada homem deve ter a sua esposa e cada mulher o seu marido.

Já que são casados, devem cumprir com o "dever" da sexualidade. E cuidar de não se recusarem por bobagens, fazendo continência desnecessária, pois esse seria o momento da tentação. Paulo diz que breves períodos seriam válidos apenas para a oração enquanto aproximação do casal a Deus.

O que nos fala Deus através dessa Palavra?

Um pouco da vida

Encontramos vários casos de distorções na questão da sexualidade. Vale a pena comentar alguns deles.

Tem o caso da Joana (*nome fictício*), que costumava contar tudo o que fazia com o marido na sua intimidade para os seus parentes nas festas familiares. Não tinha reservas, e falava para os amigos também. A coisa chegou ao ponto de algumas pessoas começarem a afastar-se dela, pois a achavam inconveniente e comentavam: "Ela não devia fazer isso".

Joana achava que era liberal e sabia tudo; hoje tem problemas para entender o próprio relacionamento.

Há também o caso de Mariana, que em uma conversa com uma amiga começou a desabafar dizendo que o marido achava a amiga muito bonita e diferente... Conclusão: a amiga nunca mais quis conversar com Mariana.

Como esses casos, temos atendido e visto muitos outros, que no final terminam em grande confusão. Algumas pessoas acabam estimulando um interesse alheio pelo seu próprio cônjuge, que, sem nem saber, é colocado em situações complicadas.

Vocês já perceberam esse tipo de comportamento em alguma pessoa de seu convívio (familiares, amigos ou colegas)? O que vocês acham disso?

Refletindo em grupo

É interessante observar que muitas pessoas nem ao menos sabem, atualmente, o que é sexualidade. Em uma época de tanta comunicação, algumas pessoas ainda estão presas a conceitos ultrapassados, enquanto outras consomem "novas ideias" de uma sexualidade distorcida. Falar sobre sexualidade não precisa ser um tabu, mas também não pode ser uma exposição tão exagerada que possa transformar-se em espetáculo.

Para os novos casais: o que é sexualidade? Como a sexualidade pode ser bem conduzida na vida do casal?

Tarefa dos casais

- *Tarefa do casal:* Investir um pouco do tempo juntos para falar sobre os sentimentos próprios a respeito de sexo e sexualidade e combinar, inclusive, como encarar a curiosidade das pessoas que os cercam.

- *Tarefa do grupo:* Durante o encontro de confraternização mensal, conversar um pouco sobre a influência que os meios de comunicação têm sobre a questão da sexualidade. Como os novos casais podem agir dentro de seus lares e nos círculos mais próximos para tentar desmentir os enganos que são difundidos todos os dias?

Conclusão

A intimidade da sexualidade conjugal é um bem que pertence somente ao casal. Ninguém tem o direito de especular sobre esse tesouro sob nenhum pretexto. Cada casal deve avaliar bem como tem conduzido a sua sexualidade e descobrir se, de fato, ela caminha na direção do bem de cada cônjuge, ajudando-os a doarem-se cada vez mais profundamente no amor e na união. Quando no exercício da sexualidade a vida matrimonial atende somente ao desejo da paixão, ela tende a apagar-se com o tempo. Aí encontramos as soluções mágicas que a sociedade ocidental oferece, como a possibilidade da infidelidade e do "casamento aberto" ou do "amor livre", que podem causar problemas gravíssimos.

Infelizmente, a liberdade sexual que é praticada por muitos casais antes do Matrimônio não permite que o relacionamento seja aprofundado para o conhecimento do outro e para a descoberta do sentimento profundo da busca constante do bem do outro. Por isso, devemos lutar para que o testemunho do amor fiel dos novos casais ajude outros jovens a descobrir a verdadeira beleza do relacionamento baseado no amor cristão.

Terminemos agora o encontro com a nossa oração final.

14º ENCONTRO

Esfriou a relação: "Mas quando nós namorávamos... O que mudou agora?"

Para início de conversa

Dirigente: Quando aquela vontade de voltar correndo para casa, do início do casamento, começa a dar lugar a um bate-papo a mais no botequim ou com os colegas no trabalho, observamos que algo não anda muito bem. O que fazer, se isso começa a acontecer? Esse é o nosso tema de hoje.

Vamos iniciar com nossa oração.

Tarefas do encontro anterior

- *Tarefa do casal:* Cada casal conseguiu manifestar suas opiniões a respeito da própria sexualidade? Como foi essa experiência?

- *Tarefa do grupo:* O grupo conseguiu discutir sobre o quanto os meios de comunicação influenciam na questão da sexualidade em toda a sociedade e, sobretudo, na vida dos casais?

Algumas questões comuns dos lares de recém-casados

- Quando a gente namorava, tudo era diferente. Havia mais carinho e atenção. Por que tudo mudou?
- Até o dia de nosso casamento, tudo era menos chato.
- Por que agora ele(a) insiste em pegar no meu pé?
- Por que o romantismo acabou?

Atualizando a Palavra para os nossos dias

A Palavra proposta para este encontro é a do livro de Eclesiastes, capítulo 9, versículos 7 a 10.

Comer o pão com alegria e beber o vinho com satisfação ou gosto significa aproveitar a vida de forma plena.

As roupas cuidadas e o perfume sobre a cabeça representam a aparência, que é importante para demonstrar que realmente existe alegria e satisfação com você mesmo.

O versículo 9 apresenta um conselho útil: aproveitar a vida em companhia da esposa. Pois, afinal, desde o Gênesis Deus afirma que não é bom para o homem nem para a mulher viverem sós.

Tudo deve ser feito com empenho. Ou seja, a vida deve ser aproveitada com satisfação, pois é dom de Deus. E não haverá uma outra chance para aproveitar bem esta vida.

O que nos fala Deus através dessa Palavra? Como podemos entender a vontade do Pai em nos indicar um caminho de vida plena? Como podemos entender essa Palavra relacionando-a com a vida conjugal sem rotinas ou monotonia?

Um pouco da vida

Nem sempre os fatos que presenciamos terminam em final feliz. Lembro-me do caso de Janete e seu marido Alfonso (*nomes fictícios*). Eles vieram fazer a preparação de noivos em nossa paróquia alguns anos atrás. Jovens, na época tinham por volta de 20 anos e desejavam casar para construir uma vida juntos. Namoravam há quase um ano e estavam decididos a seguir adiante, embora a equipe de preparação estivesse fazendo o máximo possível para que ambos adiassem um pouco mais o casamento. As tentativas da equipe em nada adiantaram: Janete e Alfonso casaram-se.

Alguns meses depois, encontramos Janete na rua. Estava transformada. A moça elegante, que se arrumava toda, agora andava vestida com uns largos e surrados agasalhos de moletom, que mais pareciam pijamas. Calçava chinelos gastos e andava sem o mínimo de postura. Assustados, perguntamos a ela como estava a vida de casada, ao que ela respondeu: "Uma droga. Meu marido perdeu o interesse por mim e não quer mais saber de nada. Desconfio que ele está saindo com outra". Ainda insistia que havia achado uns bilhetinhos na jaqueta do marido e números estranhos no celular. Porém, de concreto, ela nada tinha.

Dissemos a ela que talvez fosse apenas um momento e a aconselhamos a se arrumar e voltar a ser a Janete de antes.

Caso o Alfonso realmente estivesse se interessando por outra, seria o momento para investir na reconquista do marido. Ela nos disse que não sabia se daria resultado, que não estava muito certa de coisa alguma.

Infelizmente a coisa piorou e, depois de mais alguns meses, encontramos novamente com a Janete. Ela já estava separa do Alfonso. Disse que não houve chance e que o melhor foi a separação. O estranho é que, separada, estava arrumando-se novamente, até melhor do que antes de se casar com Alfonso.

Casos como esse nós, infelizmente, acabam sendo comuns. Tanto o marido quanto a mulher, após o casamento, acreditam ter encontrado um terreno seguro e se acomodam na relação e no seu comportamento com o outro. Assim, a rotina acaba surgindo na vida do casal prematuramente. Essa rotina, com certeza, começará a implodir o casamento, pois não haverá motivação para o namoro entre os cônjuges.

E os novos casais? Como é que estão vivendo o namoro dentro da vida matrimonial?

Para refletir em grupo

A vida agitada e a correria do cotidiano estão invadindo os lares e contaminando o que ainda existe de mais bonito e importante: a amizade entre os esposos. Amizade que se traduz, principalmente, em atenção e dedicação sincera e desinteressada. Atualmente, a superficialidade e frieza com a qual os casais se relacionam contribuem para que marido e mulher vivam cada vez mais a rotina maçante. Não conhecer a si e ao outro provoca um desinteresse no relacionamento. Não conhecer as capacidades, necessidades e os desejos do cônjuge faz com que ele se torne uma pessoa igual a todas as outras que encontramos diariamente.

Na opinião de vocês, como fazer para que o interesse pelo outro cresça? E como fazer para que a rotina não se torne um peso para o relacionamento?

Tarefas do casais

- *Tarefa do casal:* Os esposos deverão combinar entre si a melhor forma de namorar, para que isso seja constante no relacionamento conjugal.

- *Tarefa do grupo:* Discutir no grupo qual é a visão que hoje as pessoas têm sobre o namoro entre marido e mulher. Isso existe na concepção da maioria das pessoas?

Conclusão

A rotina no casamento é algo que jamais deveria existir. Marido e mulher deveriam renovar suas emoções, esperanças, aspirações e desejos cada dia. Deveriam investir mais em si mesmos e no seu cônjuge: arrumar-se, por exemplo, para encontrarem-se todos os dias, nem que seja dentro de casa. Fazer gentilezas e oferecer mimos. E, sobretudo, respeitar as vontades do outro. É preciso realizar a reconquista do cônjuge todos os dias e apaixonar-se por ele, fazendo-o apaixonar-se cada dia mais. Somente assim o casamento poderá sair da mesmice e tornar-se melhor a cada dia.

Terminemos agora o encontro com a nossa oração final.

15º ENCONTRO

Um dia ruim e, depois, outro pior. Será que vai melhorar? A esperança nos contratempos da vida

Para início de conversa

Dirigente: As dificuldades da vida aparecem sem que a gente as espere. O cotidiano dos casais pode ser diferente do que se espera. O que fazer quando as coisas não saem como foram planejadas e os obstáculos parecem ser maiores e mais constantes do que podemos suportar? Esse é o tema de hoje: como encontrar a esperança no meio das dificuldades. Vamos começar com a oração inicial.

Tarefas do encontro anterior

- *Tarefa do casal:* Os casais conseguiram descobrir qual a melhor forma de namorar depois do casamento?

- *Tarefa do grupo:* O grupo conseguiu refletir sobre a questão do namoro entre marido e mulher? Ele ainda existe?

Algumas questões comuns dos lares de recém-casados

- Estamos passando por dificuldades na vida. Uma maré de azar. Quando isso vai parar?
- Tudo está dando errado. Como fazer para segurar essa "onda"?

Dinâmica

Preparem alguns pedacinhos de papel e distribuam cinco para cada casal, que deverá escrever em cada um deles um problema ou dificuldade externo ao relacionamento conjugal, como falta de dinheiro, desemprego, e outros contratempos diversos que eles acreditam que possa acontecer na vida dos casados, causando desespero. Deverão também anotar no papel qual é o grau de dificuldade de cada problema. Depois, o dirigente do grupo deverá recolher os papeizinhos, comparar os que forem iguais ou que tratem do mesmo assunto. Após essa triagem, os problemas devem ser colocados na mesa e os casais terão que colocar os problemas em ordem de importância. O grupo deverá chegar a um consenso quanto a isso.

É possível ordenar problemas por importância?

Atualizando a Palavra para os nossos dias

A Palavra proposta para este encontro é a do livro de Lucas, capítulo 2, versículos 41 a 52. A bela passagem ocorrida na família de Nazaré trará mais luz ao nosso tema de hoje.

A família de Nazaré sobe a Jerusalém para a festa da Páscoa – eles vão ao encontro do Pai, para festejar com ele. Logo, eles não estavam no caminho da perdição, mas no caminho de Deus.

Ao terminar a festa, no retorno para casa, o menino fica na cidade grande (Jerusalém era uma metrópole se comparada à vila de Nazaré). Um grande problema se apresenta: haviam perdido não somente o filho, mas o Filho de Deus.

Os dois nem se questionam de quem era a culpa, mas agem depressa na busca do menino.

O restante é a bela passagem do menino Jesus sendo encontrado no templo entre os doutores da lei.

Como essa bela passagem pode nos ensinar a superar as dificuldades da vida conjugal e familiar?

Um pouco da vida

Daniela e Carlos fizeram a preparação para o Matrimônio conosco. Eram um casal já com um pouco mais de idade que a média dos que nos procuravam. Decididos e felizes, casaram-se em uma noite chuvosa.

Nós, em nossa casa, dormíamos tranquilos naquela noite, quando, de madrugada, tocou o telefone: "Alô, por favor, quero falar com minha tia. Sofremos um acidente na estrada". "Quem é sua tia?", eu perguntava, tentando ajudar. "Ai, meu Deus... a gente estava indo para a praia de Peruíbe... sofremos um acidente...". E a ligação caiu. Ficamos preocupados, mas, sem termos como descobrir quem falava, voltamos a dormir. No dia seguinte nos chega a notícia: Daniela e Carlos, que iam para a lua de mel em Peruíbe, haviam sofrido um acidente, pois o condutor do veículo havia perdido o controle do carro na serra e batido. A moça que, por engano, nos ligara de madrugada era a prima da noiva. Aliviados, soubemos que ninguém havia morrido, mas que Carlos havia se ferido bastante e estava com o rosto desfigurado. Era o fim da lua de mel.

Carlos ficou em convalescença durante muito tempo. Fomos visitá-lo assim que possível, em sua casa. A esposa, Daniela, que nada sofrera, nos recebeu. Encontramos Carlos na cama do casal, já com uma correção facial feita e bastante feliz, disposto e esperançoso. Foi um verdadeiro testemunho de vida.

O tempo passou e o casal superou a dificuldade inicial. Carlos restabeleceu-se e fez novas cirurgias para corrigir a face. Continuam casados e hoje têm um filho. A dificuldade inicial foi vencida com coragem e bastante fé.

E vocês, novos casais, como enfrentariam essa situação que envolve a saúde, a frustração das expectativas (afinal eles não tiveram a lua de mel) e a superação de um obstáculo? Vamos conversar a respeito?

Para refletir em grupo

Nem sempre nossa vida encaminha-se conforme a nossa vontade: tudo pode mudar de um momento para o outro. As dificuldades existem desde que nascemos e continuarão a existir até o fim de nossa vida. Muitas delas são o resultado do egoísmo e da falta de amor entre as pessoas; derivam também da falta de maturidade e de comprometimento que podem contaminar a vida conjugal. Quando homem e mulher se entregam em Matrimônio, deveriam realmente fazer um pacto de colaboração mútua e sem restrições. Se, no altar, prometem amor, respeito e fidelidade na alegria e na tristeza, é para que possam vencer as atribulações e comemorar juntos a bonança.

Como manter acesa tal promessa matrimonial para vencer as dificuldades que aparecem na vida do casal?

Tarefas dos casais

- *Tarefa do casal:* O casal deve refletir junto, em casa, o trecho do Evangelho citado neste encontro e pensar sobre a atitude de José e de Maria diante da dificuldade. É possível, hoje, para um casal cristão manter a mesma atitude?

- *Tarefa do grupo:* O grupo deve conversar, em mais um encontro de confraternização, a respeito da importância do apoio entre marido e mulher. Como reavivar essa condição da amizade, que muitas vezes é esquecida depois da celebração do Matrimônio?

Conclusão

A fé é o primeiro passo que o casal precisa dar para superar as dificuldades da vida: a fé em Deus, que os uniu, e também no outro, com o qual se forma "uma só carne". É preciso sempre olhar as dificuldades como uma forma de crescimento e encontrar, mesmo em meio a tanta confusão e desordem, bons motivos para seguir adiante com perseverança. E, finalmente, o apoio que encontra no outro é também um aspecto fundamental para a superação dos problemas apresentados pela vida. Sentir-se respaldado faz toda a diferença, e os cônjuges precisam oferecer um ao outro essa segurança para perseverar no caminho que leve à solução dos problemas.

Terminemos agora o encontro com a nossa oração final.

16º ENCONTRO

E quando alguém erra?
A prática do perdão

Para início de conversa

Dirigente: Neste encontro, refletiremos sobre a prática do perdão entre marido e mulher. Nestes tempos de individualismo e corações duros, como o casal pode exercitar o perdão, quando o deslize acontece?

Iniciemos com nossa oração.

Tarefas do encontro anterior

- *Tarefa do casal:* Vocês refletiram o Evangelho do último encontro juntos? E então, a exemplo de Maria e José, é possível manter-se firme nas situações difíceis pelas quais um casal passa?

- *Tarefa do grupo:* O grupo conseguiu chegar a alguma conclusão sobre como marido e mulher podem apoiar-se nos momentos difíceis, como verdadeiros amigos que são?

Algumas questões comuns dos lares de recém-casados

- Se ele(ela) "pisar na bola", não sei se conseguirei perdoá-lo(a)...
- Ele(ela) sempre faz a mesma coisa; diz que não vai fazer de novo, mas... O que posso fazer?
- Todo dia ele(ela) arranja alguma encrenca e eu tenho de perdoá-lo(a). Pode isso?
- Perdoar não cansa?

Dinâmica

Para a dinâmica de hoje, precisaremos de jornais, revistas e livros ilustrados. Podem ser novos, pois não serão recortados. Cada casal deverá achar uma imagem (somente a imagem, sem o texto) que transmita uma ideia de mágoa, dor, sofrimento. Depois, terá que encontrar outra imagem que represente amor e perdão. Cada casal precisará explicar ao grupo quais os sinais, gestos ou símbolos contidos em cada figura que representam para ele os sentimentos citados.

Por fim, os casais deverão comentar sobre qual imagem foi mais fácil de ser encontrada.

Atualizando a Palavra para nossos dias

A Palavra de Deus que nos é proposta hoje está no Evangelho de Mateus, capítulo 18, versículo 21 a 35. Vamos ler e refletir juntos.

Pedro faz a Jesus a pergunta que todos nós, certamente, gostaríamos de fazer: quantas vezes devo perdoar meu irmão, se ele cometer algum tipo de erro contra mim?

Pedro ainda tenta apresentar-se misericordioso ao Senhor e indica, em sua concepção, um bom número de vezes: sete.

Mas Jesus o surpreende e recomenda-lhe que o bom seria perdoar setenta vezes mais do que ele havia indicado. É clara a intenção do Mestre em fazê-lo entender que se deve perdoar sempre.

E o Cristo ainda se aprofunda e, nos versículos 23 a 34, apresenta uma parábola para afirmar que o perdão entre os homens deve imitar aquele que o Pai dos Céus oferece a seus filhos.

A conclusão de Jesus mostra que temos de perdoar sempre e de coração, para que Deus possa nos conceder perdão, já que somos tão pecadores e sujeitos a falhas como nossos irmãos.

Como podemos aplicar esse ensinamento ao Matrimônio? Sabemos que o amor ao próximo é o maior mandamento, e aquele (ou aquela) que nos é mais próximo é nosso próprio cônjuge. Comentemos.

Um pouco da vida

Conhecemos vários casos em que o perdão fez a diferença em um casamento. Os erros podem ser pequenos, como uma palavra mais áspera, um objeto que se quebra, ou mesmo um caminho perdido na estrada, como aconteceu com o casal Ernesto e Sueli, que, voltando de Foz do Iguaçu à noite, por insistência dele, não conseguiam encontrar uma pousada. Algum tempo depois,

Ernesto dá uma cabeceada – graças a Deus sem consequências – e decide parar por uma hora em um posto para descansar e seguir viagem. Sueli, que já estava em prantos, o perdoou e vigiou seu sono.

Há casos mais graves como o de Nivaldo e Sabrina, casados há anos e participantes ativos da comunidade paroquial. Nivaldo acabou traindo Sabrina. Ele, muito arrependido, pediu a ela perdão por aquele ato inconsequente. Sabrina, em meio ao sofrimento, decidiu tentar o caminho do perdão e aceitou ficar com ele. Mudaram-se para outro bairro e seguiram a trilha do amor. Hoje, ainda estão juntos e a caminhada prossegue.

Errar é algo que pode acontecer a qualquer pessoa, pois a condição humana nos fragiliza e nos deixa vulneráveis. É difícil oferecer o perdão em alguns casos, pois a dor de uma mágoa profunda é algo que desnorteia qualquer um. Porém, é possível encontrar força e coragem para seguir o caminho indicado pelo Cristo. Vamos comentar um pouco sobre quais atitudes nos ajudam a resgatar o outro no momento em que ele mais nos fere e oferecer-lhe nosso perdão.

Para refletir em grupo

Perdoar é um ato humano que está muito ligado ao divino, pois o ânimo para vencer a mágoa e a dor que alguém nos causa dificilmente é encontrado sem a ajuda de Deus. Pequenas falhas, coisas corriqueiras talvez não nos afetem tanto, porém, situações mais graves exigem uma força extraordinária. Como os casais podem encontrar essa força? Há nos Evangelhos algumas passagens em que Jesus fala sobre o amor incondicional. Quem ama incondicionalmente confia mais, perdoa com maior facilidade e ainda ajuda o outro a superar o erro. Vamos conversar um pouco sobre isso?

Tarefa dos casais

- *Tarefa do casal:* Em um clima bem descontraído, de preferência com música, sem cobranças ou desconfianças, dialogar a dois sobre as coisas que os chateiam e magoam.

- *Tarefa do grupo:* Combinar uma data para, antes da costumeira confraternização, fazerem uma oração por todos os casais, sejam eles participantes dos encontros ou não. Deverá ser uma oração de cerca de quinze minutos, em que deverão pedir a misericórdia de Deus e a força para perdoar. Será que conseguimos?

Conclusão

O perdão anda de mãos dadas com o verdadeiro amor. Quem ama verdadeiramente e tem reciprocidade neste amor dificilmente comete grandes erros, pois ambos, marido e mulher, formam uma aliança extremamente forte. Existem situações muito complicadas, em que a tentação, aliada a um momento de fraqueza, pode penetrar nessa união e causar algum problema. Porém, se isso acontece, o amor incondicional, aquele mesmo apresentado pelo Cristo, ajuda a perdoar e a superar o erro. Quem consegue essa superação encontra do outro lado um amor ainda mais brilhante e divino, possibilitando que cada um possa enxergar no outro a verdadeira face de Deus.

Terminemos agora o encontro com a nossa oração final.

17º ENCONTRO

Quem é o melhor?

Para início de conversa

Dirigente: Neste encontro, vamos refletir mais um pouco sobre o relacionamento conjugal. Dentro do matrimônio, há quem seja melhor ou pior? Vamos conversar sobre esse tema.

Iniciemos com nossa oração.

Tarefas do encontro anterior

Tarefa do casal: Conversaram um pouco sobre as coisas que o chateiam? Como foi essa experiência?

Tarefa do grupo: Durante o encontro mensal de confraternização, vocês conseguiram fazer uma oração pelo perdão entre os casais? Essa experiência foi boa? Pode ser repetida?

Algumas questões comuns dos lares de recém-casados

- Se eu não tomo uma atitude, nada acontece!
- Eu é que sempre tenho de fazer tudo! Tudo sobra para mim.

- Ele(a) sempre quer ter razão em tudo! Nada do que faço ou penso é considerado.

- Eu sou mais eu.

Dinâmica

Para a dinâmica deste encontro, precisaremos de uma caneta, um elástico e um clipe de papel grande. Peguem o elástico e encaixem nele o clipe, de forma que fique bem preso. Depois, coloque o elástico em torno da caneta e, afastando-se um pouco das pessoas, faça movimentos giratórios por alguns instantes.

O que poderá acontecer com o elástico e o clipe? Qual a relação do movimento realizado com os objetos e os relacionamentos em que uma só pessoa quer concentrar em si toda a atenção? O que acontece quando o elástico e o clipe perdem o contato com a caneta?

Vamos refletir sobre essa dinâmica por alguns minutos.

Atualizando a Palavra para nossos dias

O trecho bíblico sugerido para a nossa reflexão de hoje está no livro de Gênesis, capítulo 1, versículos 26 a 30: a criação do homem e da mulher.

Deus cria o homem à sua imagem e semelhança para submeter tudo aquilo que ele havia criado.

Porém, é feita uma importante afirmação no versículo 27: "à imagem de Deus ele o criou, e os criou homem e mulher" – a temporalidade da criação não difere a condição do homem e da mulher diante do Criador. A afirmação coloca ambos em igualdade diante do divino e de toda a criação. Portanto, ambos são iguais em seus direitos e, consequentemente, em seus deveres diante de Deus e da criação.

No versículo 28, Deus abençoa ambos e lhes dá uma instrução: sejam fecundos e submetam a terra e todas as criaturas.

No versículo 29, Deus apresenta o sustento para o homem e para a mulher – de onde tirariam seu alimento.

E o versículo 30 finaliza com a assinatura de Deus: "e assim se fez".

A Sagrada Escritura nos mostra que não há, diante de Deus, diferença entre homem e mulher. Sabemos que ele os criou para completarem-se e, abençoando-os, pediu-lhes que fossem fecundos. Nós sabemos que tal fecundidade somente acontece com o entendimento e a união de ambos.

Vamos comentar um pouco mais sobre essa leitura e descobrir o quanto ela nos fala da igualdade entre o casal.

Um pouco da vida

Como já falamos anteriormente, há alguns casos que conhecemos que ainda caminham para uma solução. Existem pessoas que vivem em uma constante disputa dentro do lar para tentar mostrar quem é melhor. É o caso de Viviane. Casada há alguns anos com Geraldo, vive em atrito com ele, hora sendo a melhor, hora sendo a vítima. Sempre quer mostrar que faz tudo muito benfeito, que mantém as coisas em ordem e que tem as melhores ideias. Muitas vezes chega a humilhar Geraldo, que costuma não retrucar quando a mulher lhe fala alguma coisa. Os filhos percebem algo de estranho, mas não se manifestam, pois ainda são pequenos.

A família tem sido ajudada por diversas pessoas, que de tempos em tempos os visitam ou os convidam para alguma reunião ou festa. Caminham tentando acertar essa situação que provoca constrangimento dentro e fora do lar, pois os amigos percebem as atitudes egocêntricas de Viviane.

Encontramos também, em diversas casas, pessoas que cometem alguns deslizes momentâneos de egocentrismo, motivados talvez pelo estresse ou por alguma situação incômoda. Essas pessoas costumam afirmar que sabem mais que seus cônjuges, ou que fazem melhor determinadas tarefas e atividades, deixando, às vezes, seus maridos e esposas de boca aberta, indagando-se: "Por que ela/ele disse isso?"

O que podemos fazer para não acabarmos em situações como essas? Como o egocentrismo pode ser tratado pelos casais que vivem essa situação?

Para refletir em grupo

Quando alguém começa a exercer certo egocentrismo dentro do Matrimônio, muitas coisas podem entrar em risco. O lar não é local para competição, mas, sim, um lugar onde a colaboração mútua e o esforço comum levem o casal a patamares mais elevados da vida. Ninguém sabe menos ou mais. Ninguém realiza menos ou mais. Mesmo na sociedade, onde há uma contínua competição individualista, é possível perceber que a capacidade de uma pessoa se mede por sua habilidade em superar as dificuldades e os obstáculos da melhor forma possível.

E no casamento, como podemos encarar essa afirmação?

Tarefa dos casais

- *Tarefa do casal:* O casal deverá fazer uma oração espontânea, pedindo a Deus ajuda para superar a tentação de ser egocêntrico dentro de casa. Depois, precisará conversar um pouco sobre se essas situações já aconteceram em sua vida conjugal.

- *Tarefa do grupo:* Partilhar em uma conversa, no dia do encontro de confraternização, histórias de casais que vivam situações de egocentrismo e, também, condições inversas, ou seja, pessoas que realmente se doam e que não gostam de concentrar toda a atenção sobre si. Devem comentar suas impressões e o que sentem que podem tirar como exemplo, como referência para o próprio relacionamento, daqueles casais mais parceiros entre si.

Conclusão

A tentação de ser egocêntrico e de querer apresentar-se como melhor que o outro é algo que tem sido plantado pela sociedade. Vivemos constantemente em ambientes competitivos e muito individualistas, em que o esforço é o de sempre se mostrar superior aos demais. Porém, dentro do casamento, encontramos uma situação bem diferente. Deve haver, entre marido e mulher, um esforço para colaborar com o outro naquilo em que ele tem maior dificuldade. A colaboração mútua faz crescer o amor dentro do Matrimônio e, também, faz com que a felicidade conjugal seja sempre maior. O lar cristão é o local onde se cura o egocentrismo, o egoísmo e o individualismo de cada pessoa.

Terminemos agora o encontro com a nossa oração final.

18º ENCONTRO

Segredos ou apenas "esquecimentos"?

Para início de conversa

Dirigente: Esquecimentos ou segredos? O que existe entre os casais que não falam um ao outro tudo o que sentem, pensam ou, principalmente, fazem? Esse é o tema de nosso encontro de hoje.

Vamos iniciar rezando.

Tarefas do encontro anterior

- *Tarefa do casal:* O egocentrismo existe dentro de sua casa? Como foi essa conversa sobre o "eu" exacerbado?
- *Tarefa do grupo:* Durante a conversa do grupo, vocês descobriram se existem casais egocêntricos em seus círculos de amizade? E encontraram bons exemplos de casais em que os cônjuges são parceiros e ajudam-se cotidianamente? É possível imitá-los de alguma forma?

Algumas questões comuns dos lares de recém-casados

- Às vezes, parece que não o(a) conheço(a).
- Por que ele(ela) não compartilha comigo os seus problemas?
- Ele(ela) fica escondendo as coisas que fala com os(as) amigos(as). Por que não conta para mim?
- Ele(ela) dificilmente fala sobre as coisas que acontecem no trabalho. Será que acontece alguma coisa lá?

Dinâmica

A dinâmica hoje é bem simples. As esposas deverão ficar de um lado da sala e os maridos do outro. Não podem ser em salas separadas, pois os grupos precisam ter contato visual. Cada grupo deverá olhar para algo e fazer entre si um comentário em forma de cochicho, sem tirar os olhos do objeto do assunto. Depois, os casais deverão sentar-se novamente juntos, cada um com seu cônjuge, e terão que contar um para o outro o que foi cochichado. A seguir, um dos casais terá que falar em voz alta o que um cônjuge ouviu do outro e todos deverão dizer se o que foi dito coincide com os cochichos feitos nos grupos.

O que pode acontecer? Será que o casal contará fielmente o que ouviu ou só uma parte? Vamos ver?

Atualizando a Palavra para nossos dias

O trecho bíblico sugerido para a nossa reflexão de hoje está no livro de Tobias, capítulo 2, versículos 9 a 14: Ana nada tem a esconder de Tobit.

A história da doença de Tobit é triste e o torna totalmente sensível e arrasado, pois chegam a ser sustentados por um amigo (versículos 9 e 10).

Como se não bastasse, na falta do amigo, vê que sua mulher precisa trabalhar fora para terem o sustento da casa e se sente ainda mais inferiorizado em sua condição de homem (versículos 11 e 12).

Quando a mulher chega a casa trazendo um cabrito a mais que o pagamento, Tobit nem lhe dá tempo de falar e a questiona (versículo 13).

Ana bem poderia ter inventado uma história, uma mentira, ou ainda, em razão de seu marido estar cego e muito abatido em sua condição, ter ocultado a verdadeira origem do animal. Mas ela prefere a verdade, ainda que seu marido não acredite (versículo 14).

Por fim, Ana vê-se obrigada a dar um "chacoalhão" em Tobit para que ele recupere a razão. Houve atrito pela verdade, mas este foi superado com facilidade.

E se Ana tivesse ocultado a verdade de Tobit, guardando em segredo a origem do cabrito? O que ele poderia pensar dela e como a história poderia ter terminado? Vamos conversar?

Um pouco da vida

Carlos era um bom rapaz, que um dia conheceu Ana. Apaixonaram-se, começaram a namorar e finalmente se casaram. Porém, Carlos escondia em seu íntimo um segredo, que havia revelado em partes para sua esposa, quando ainda eram namorados. Escondia dela o fato de sentir atração por outros homens. Ana engravidou e, durante o período da gestação, ela que via o marido viajar a serviço todos os finais de semana, resolveu tirar satisfações na empresa. Lá chegando, descobriu o segredo do marido: ele não viajava pela empresa, mas mentia para poder encontrar-se com outro homem. O casamento não resistiu e hoje não sabemos por onde eles andam.

Um caso menos trágico aconteceu com Renato e Amanda. Nos idos de 1970, em uma época bem difícil da vida de casados, com dois filhos e uma casa em construção, Renato escondeu de Amanda a verdadeira condição financeira da família. Somente depois que ele perdeu o emprego e viu que as contas já não podiam ser pagas sem ajuda é que, aos prantos, contou tudo à esposa. Mesmo sentindo-se traída por ele não lhe ter confiado a verdade, ela tomou uma atitude e chamou a família para ajudar naquele momento difícil. A situação foi resolvida e, a partir daquele dia, Renato nunca mais escondeu da esposa a real situação econômica da casa.

Outro caso acontecido foi o de dois namorados: Arnaldo e Roberta. Às vésperas do casamento ela descobre que havia uma pessoa no trabalho dele que sempre o assediava. Ele não lhe contara antes porque não via necessidade, uma vez que sempre fugia do assédio e nunca havia acontecido nada. Numa reunião dos amigos, a moça provocou Roberta e ela, depois da reunião, resolveu tirar a história a limpo com Arnaldo. Por que ele não havia confiado nela?

Vamos comentar essas histórias? E os novos casais, como entendem que deva ser o relacionamento entre os cônjuges? Tudo precisa ser partilhado ou existe algo que pode ser "esquecido" ou ocultado?

Para refletir em grupo

Segredos ou apenas "esquecimentos"? Os casais estão dialogando e conhecendo-se mutuamente, assim como deve ser o casal cristão que se une em Matrimônio?

O conhecimento profundo do outro é parte importante daquilo que chamamos intimidade conjugal. A própria palavra intimidade vem do latim *intìmus*, que significa "o mais profundo", "o mais interior" ou "completamente interior". Logo, ser íntimo de alguém significa ter a permissão para penetrar o local mais profundo de sua vida.

Será que entre os casais, esposo e esposa permitem, um ao outro, esse mergulho profundo? Como contar ao outro os "segredos" novos e velhos? Como a fé em Deus pode ajudar nessas situações?

Tarefa dos casais

- *Tarefa do casal:* Em um dia previamente preparado, o casal deverá fazer junto uma oração ao Espírito Santo e, depois, conversar sobre sua vida, fazendo o possível para limpar a caixa de "segredos", caso exista.

- *Tarefa do grupo:* Por que as pessoas insistem em esconder dos cônjuges as coisas que acontecem no ambiente de trabalho ou de estudo? Como os novos casais avaliam essa "tendência" social? Na reunião de confraternização, conversem sobre esse assunto.

Conclusão

Segredos ou coisas escondidas ou ainda "esquecimentos" podem provocar perda da confiança entre o casal. O outro sempre terá um motivo, além do problema omitido, para ficar chateado ou até muito bravo. Enfrentar as situações e os fatos, contando aos cônjuges mesmo as coisas que acreditamos ser sem importância, ajuda a fortalecer o vínculo matrimonial e a fazer o casal crescer ainda mais no amor e na fé.

Terminemos agora o encontro com a nossa oração final.

19º ENCONTRO

Como planejar os filhos? Planejamento familiar no dia a dia

Para início de conversa

Dirigente: O Matrimônio tem como exigência a fertilidade. Mas como os novos casais, hoje, vivem essa fertilidade e a abertura à vida? Planejamento familiar é o tema de nosso encontro de hoje.

Comecemos com a nossa oração inicial.

Tarefas do encontro anterior

- *Tarefa do casal:* Foi possível esvaziar a caixa de "segredos" que o casal mantinha? Sem contar nenhum detalhe: ela existia? Sim ou não?

- *Tarefa do grupo:* Os fatos ocorridos na vida dos casais, quando não estão juntos, interessam ao outro? Como o grupo abordou esse tema?

Algumas questões comuns dos lares de recém-casados

- Acho que um único filho é o que podemos ter no mundo de hoje.
- Não sei como essas famílias têm esse monte de filhos.
- Vivemos numa época diferente da de nossos avós. Hoje não é possível educar e sustentar bem uma família muito grande.
- Filho é despesa, não é?

Dinâmica

Para esta dinâmica, utilizaremos vários pedaços de fita de cetim, de qualquer cor, medindo cada uma cerca de 40 cm de comprimento. Será bom providenciar cerca de três ou quatro pedaços para cada casal. Os pares, esposo e esposa, deverão fazer um ou mais laços iguais ao que fazemos para amarrar sapatos. Porém, cada cônjuge deverá utilizar apenas uma das mãos. Ou seja, o casal vai ter que fazer junto algo que uma pessoa sozinha, usando apenas uma das mãos, não conseguiria. Será preciso bastante colaboração e coordenação motora para que os laços sejam feitos. Depois de prontos, os laços serão julgados por todos. Quem conseguirá fazer o laço mais bonito?

Após realizada a tarefa, os casais deverão conversar sobre as dificuldades em realizar os laços e qual comparação pode ser feita com a questão da colaboração marido e mulher na fecundidade e na geração dos filhos (cada laço poderia representar um filho). Existe hoje, realmente, esforço mútuo e dedicação quando se decide ter os filhos?

Atualizando a Palavra para nossos dias

A Palavra de Deus que refletiremos no encontro de hoje é a do salmo 128(127). Esse é o cântico das subidas, no qual o povo de Israel agradecia as bênçãos de Deus e sua misericórdia.

Vemos neste texto sagrado o quanto nós devemos a Deus por sua ação em nossa vida. Ele age através de sua divina vontade e derrama suas bênçãos sobre todos aqueles que o respeitam como Pai e Criador.

Se caminharmos com Deus todos os dias, poderemos ter a certeza de vivermos felizes e satisfeitos, tendo o trabalho para o sustento e a família como dom gratuito. A bonita imagem da esposa como vinha fecunda e dos filhos como brotos de oliveira mostram como a fecundidade está ligada ao amor de Deus, que se manifesta de maneira natural na capacidade de homem e mulher terem sua descendência, pois foi para isso que ele os criou.

É interessante observar que a Palavra nos apresenta juntos, como bênção de Deus, o sustento – "viverás do trabalho de tuas mãos" – e a fecundidade e prosperidade da família.

Vamos comentar e refletir um pouco mais sobre esse salmo.

Um pouco da vida

O casal Rafaela e Antônio, desde o noivado, havia programado o primeiro filho para depois de quatro anos de casados. Para alcançar esse objetivo, utilizavam métodos contraceptivos não naturais: primeiro tentaram as pílulas anticoncepcionais e depois, vendo que Rafaela não se dava bem com o remédio, passaram a utilizar a camisinha. Não havia abertura à possibilidade da vida, nem havia disposição à vontade de Deus. Depois de quase um ano, ela teve uma ameaça de gravidez tubária, mesmo usando o preservativo. Ambos passaram um final de semana difícil no hospital, mas, por fim, tudo se resolveu sem maiores complicações. O pai de Rafaela, então, disse ao casal que isso não teria acontecido se eles tivessem deixado Deus agir em sua vida. Deus não castiga seus filhos, mas o casal entendeu, naquela situação, que aquele era um sinal.

Antônio e Rafaela passaram a conhecer o método Billings e desejaram em seu coração antecipar os planos para a gravidez. Ela engravidou e nasceu o pequeno Nilson. Os planos econômicos foram reconsiderados e, mesmo sem alcançar a segurança econômica que desejavam, não tiveram mais ou menos dificuldades do que teriam sem o filho.

E os novos casais? O que acham da história de Rafaela e Antônio? Como vocês encaram o planejamento familiar? Será que a dureza de coração vai sempre apontar para os métodos não naturais que tentam fechar a possibilidade do diálogo?

Para refletir em grupo

Para bem planejar a família, é preciso conhecer um pouco mais sobre o que é a fecundidade, que não é somente a capacidade física de gerar filhos. É preciso compreender a extensão dessa fecundidade que nasce do desejo mútuo do coração dos esposos, do amor doado que deseja profundamente gerar uma vida. Portanto, podemos dizer que cada filho nasce primeiro no coração dos esposos. Nesse contexto, percebemos que a fecundidade tem também sua dimensão emocional, psicológica e espiritual. Quando atingimos esse nível de compreensão, descobrimos que um filho é um dom que Deus nos concede. Portanto, evitá-los é fechar o coração ao desígnio divino e negar a si mesmo a maior felicidade que um casal pode ter: o amor dos filhos.

Vamos conversar um pouco mais sobre essa realidade?

Tarefa dos casais

- *Tarefa do casal:* O casal deverá rezar junto e conversar um pouco mais a respeito da vontade de Deus em sua vida na questão dos filhos, para tentar descobrir qual é a vontade dele e qual tem sido a resposta do casal no dia a dia.

- *Tarefa do grupo:* O grupo deverá conversar sobre os motivos que levam a sociedade a achar que os filhos são um obstáculo à vida do casal. O que está por trás desse pensamento e como os novos casais podem fazer a diferença?

Conclusão

Os jovens que buscam o Matrimônio em nossos dias estão sendo manipulados para esquecer a finalidade da procriação, que é dar continuidade a própria história, através dos filhos, que são bênçãos de Deus. Portanto, não é somente a preocupação com a quantidade de filhos que deve nortear o planejamento familiar, mas também a consciência do quanto é possível para o casal doar-se a eles.

Terminemos agora o encontro com a nossa oração final.

20º ENCONTRO

As realidades conjugais e familiares que vemos por aí

Para início de conversa

Dirigente: O que costumamos ver ao nosso redor? Como são as pessoas, os casais e as famílias que nos rodeiam? Qual é a realidade conjugal e familiar que os meios de comunicação nos apresentam? Essas serão as reflexões deste nosso encontro.

Iniciemos com nossa oração.

Tarefas do encontro anterior

- *Tarefa do casal:* O casal conseguiu perceber, através da oração e da reflexão, qual a realidade que Deus lhes pede na questão da fecundidade?

- *Tarefa do grupo:* O grupo conseguiu chegar a alguma conclusão sobre a questão social dos filhos? O que foi concluído?

Algumas questões comuns
dos lares de recém-casados

- Lá na faculdade eu encontrava um pessoal e saía todo mundo junto e ninguém era de ninguém. Que loucura!

- Um dia um amigo de trabalho falou-me que achava normal trair a mulher, que isso é coisa de homem. Eu não concordo.

- Passou na televisão uma pessoa falando que é possível amar intimamente mais de uma pessoa. Isso é possível?

- É possível conviver com essas pessoas?

Atualizando a Palavra para nossos dias

A Palavra que nos é proposta hoje está no Evangelho de Marcos, capítulo 12, versículos 28 a 34, e fala do amor ao próximo como centro da vida.

"Qual é o primeiro de todos os mandamentos?" Essa pergunta do escriba, ou doutor da lei, é feita por muitos ainda nos dias de hoje.

A resposta não poderia ser mais óbvia: "Amar a Deus de todo o coração e o próximo como a ti mesmo".

A resposta do homem, que alegrará a Cristo, é: "Amar a Deus de todo o coração, com toda a mente e com toda a força, e amar o próximo como a si mesmo, isso supera todos os holocaustos e sacrifícios".

Em nossos dias, não amar a Deus com toda a extensão de nosso ser nos faz cair em diversos enganos, inclusive no de acreditar que a felicidade plena está nesta existência e não em uma vida eterna com ele. Não amar ao próximo como a nós mesmos significa estar sempre em contraposição ao outro, não tolerando suas atitudes, principalmente quando vão contra o senso comum. Por amor a Deus não podemos compactuar com o que é errado, mas, por amor ao próximo, precisamos compreendê-lo e saber que ele pode precisar de nossa misericórdia para poder sair de sua condição.

Como podemos aprofundar um pouco mais essa Palavra em nossa vida?

Um pouco da vida

Em nossas caminhadas pastorais já encontramos muitas situações diferentes. Já vimos, por exemplo, casais em casamentos de experiência, casais em que um deles era bissexual, famílias com homossexuais e casamentos liberais. Já encontramos infiéis que viveram com outras pessoas e depois retornaram a sua esposa ou a seu marido, pois hoje não é somente o homem que cai na infidelidade. São realidades diferentes e, em geral, pouco aceitas pela sociedade.

Em todos os casos não pudemos deixar de perceber a dor de quem se sente "diferente" por causa de suas escolhas. Há quem demonstre arrependimento e há quem não se arrependa. Mas, em geral, percebemos o quanto as opções que essas pessoas fazem – e que diferem da que a sociedade tem como tradicional, comum ou normal – as tornam infelizes. E não é somente por causa da discriminação, mas porque muitas acabam acreditando que não havia outro caminho para elas. Entre os que não se arrependem, encontramos os que afirmam ter optado por uma vida diferente por gostarem dela, mas os resultados não são muito distintos.

Percebemos que há um conteúdo valioso no critério natural de vida, que vai além da questão de ser ou não aceito. E é isso que faz com que muitas pessoas optem por fazer o que é considerado correto pelo senso comum, pela lei divina e pelo amor a Deus. Quem vive de maneira diferente parece ter algo estranho dentro de si, como um sinal vermelho piscando. Muitos desejam mudar e fazer essa luz vermelha apagar.

E os novos casais? O que acham dessas condições de vida diferentes?

Para refletir em grupo

As "novidades" no comportamento social que nos são apresentadas muitas vezes podem não nos agradar, mas também podem, nos atrair e nos enganar, principalmente quando não sabemos quem somos e o que queremos de nossa vida. Uma forma de vida baseada somente na satisfação de si e na busca de uma felicidade idealizada que nunca pode ser alcançada, como, por exemplo, ser aceito por atitudes consideradas inconvenientes pela sociedade, acaba tornando-se vazia e muito dolorosa. Julgar e condenar quem faz opções de vida fora dos padrões tradicionais é tão errado quanto compactuar com eles. Para compreender e ajudar é preciso amar profundamente e exercitar a misericórdia, pois somente assim é possível que a verdade apareça e vença. Como podemos exercitar esse amor e essa misericórdia? Vamos refletir juntos.

Tarefa dos casais

- *Tarefa do casal:* Conversar sobre as opções de vida que o casal selecionou para si. Se as escolhas estão dentro da caminhada cristã, como ter força para seguir essa trilha? Será que há alguma melhoria a ser feita?

- *Tarefa do grupo:* Conversar sobre como a discriminação aumenta o atrito social. É possível não discriminar?

Conclusão

Saber quem somos e quais são nossos objetivos de vida, aliados à fé em Deus, nos ajuda a encontrar a verdade. Ao nosso redor vemos que a maioria das pessoas ainda tem uma conduta de vida "tradicional" e preza por ela. Os meios de comunicação e alguns grupos incentivam uma mudança nos costumes e forçam uma aceitação das opções de vida diferentes, fazendo-as parecerem normais. Mas essas mudanças ainda são algo restrito, que tendem a crescer se não evidenciarmos que ser "comum" é bom e serve de ajuda para muitos. Sem discriminar os que trilham caminhos diferentes, é bom oferecer ajuda a essas pessoas, para que possam refletir melhor sobre suas próprias escolhas e ver o que realmente é bom ou ruim. Isso é amar o próximo como a si mesmo e ter misericórdia.

Terminemos agora o encontro com a nossa oração final.

21º ENCONTRO

Estamos preparando um mundo novo?

Para início de conversa

Dirigente: A pergunta que direciona as reflexões neste nosso 21º encontro deve despertar nos novos casais uma preocupação a respeito de suas missões na construção da sociedade em que vivemos.

Vamos iniciá-lo como de costume, com nossa oração.

Tarefas do encontro anterior

- *Tarefa do casal:* O casal conversou sobre suas opções de vida para a caminhada conjugal?
- *Tarefa do grupo:* O grupo conseguiu conversar sobre a questão da discriminação? A que conclusão chegou?

Algumas questões comuns dos lares de recém-casados

- Não sabemos onde esse mundo vai parar. Tanta coisa que acontece!
- Por que existe tanta coisa errada na sociedade?
- Será que a gente pode fazer algo para mudar a realidade que vivemos?
- O mundo está acabando mesmo!

Dinâmica

Devem ser providenciadas duas pedras pequenas para cada casal, inclusive para os dirigentes. Cada pessoa terá que pegar a sua pedra. Esta dinâmica consiste em ver o que pode ser feito com as pedras, porém, antes, cada um precisará dizer aos demais o que a pedra representa para ele ou ela. Quantas opiniões diferentes serão colhidas?

Depois, com as pedras, os casais deverão construir algo sobre o chão ou sobre uma mesa. Após a montagem, terão que comentar sobre o resultado e sobre a seguinte frase: "Pedras podem ferir e destruir, mas, sem pedras, nenhum prédio se pode construir".

Atualizando a Palavra para nossos dias

Hoje, a Palavra que nos é sugerida está no Evangelho de Mateus, capítulo 5, versículos 1 a 12, e fala sobre as bem-aventuranças.

Jesus é o mestre, que está em evidência em relação à sociedade: ele sobe a montanha e senta-se para ensinar a multidão que deseja a verdade.

A pobreza no espírito reflete a humildade, pois o orgulho sempre leva à ostentação.

Os que choram são os que sofrem as provações da vida. O consolo virá de Deus, mas pode vir dos humildes da terra.

Os mansos são os que não se levantam com ira contra os seus irmãos. Porém, na mansidão, se colocam a serviço da verdade.

A saciedade dos que têm fome e sede de justiça virá. Esta é a esperança que Jesus nos apresenta: o mal que gera a injustiça não prevalecerá para sempre.

Misericórdia terão todos os que com misericórdia agirem.

Verão a Deus os puros de coração, que são os que buscam viver conforme a verdade do ensinamento do amor.

Promover a paz não significa desistir de lutar. Mas que a luta não se traduza em violência.

A justiça humana deveria ser reflexo da justiça de Deus. O que vemos hoje é a construção de uma justiça relativista que prejudica o ser humano e a sociedade. Os que têm sede de justiça buscam a única verdade, distinguindo o caminho da luz do caminho das trevas.

A esperança de todos aqueles que creem em Deus e fazem sua vontade é saber que depois da perseguição virá uma recompensa maior.

Vamos refletir a Palavra e ver como ela nos ensina e ilumina para a caminhada em busca da construção de um mundo novo.

Um pouco da vida

Certa vez, em uma palestra numa comunidade, falávamos sobre o erro que muitos pais cometem ao oferecer a seus filhos preservativos, quando eles chegam à adolescência e juventude. Dizíamos sobre a validade de um ensinamento correto sobre a sexualidade, norteada pela Lei de Deus e pela coerência humana, que mostra ser infrutífera e sem sentido a entrega do próprio corpo apenas pelo prazer. Repentinamente, levanta-se uma senhora que, inconformada, passou a bradar que a Igreja iria ter que pedir desculpas ao povo por não apoiar a distribuição dos preservativos, uma vez que era a única maneira de impedir o avanço da Aids e da gravidez indesejada, inclusive entre os casados. Ela afirmava que era melhor prevenir os filhos dessa forma, porque eles não ouvem os pais de maneira alguma.

Foi muito difícil tentar explicar a ela o ponto de vista da igreja e, por fim, inconformada, seguiu com sua vida e seus pensamentos.

Esse é um exemplo de como as pessoas, mesmo ligadas à Igreja, crentes no Deus da Vida, são confundidas pela comunicação de massa.

Há outros assuntos e atitudes ainda mais tristes, que são aceitos aqui e ali. Em que acreditam os novos casais? Quais são as lutas que temos que travar hoje em dia?

Para refletir em grupo

Muita crítica e pouca ação. Essa é a atitude de muitas pessoas diante das situações sociais, até mesmo motivadas por certo egoísmo e conformismo, que às vezes confundem-se com o instinto básico de autopreservação, que as tornam acomodadas diante das situações de injustiça cometidas contra nós e nossos irmãos, principalmente as que são cometidas por um poder opressor. Achamo-nos incapazes de lutar, de reivindicar, de fazer algo efetivo para ao menos manifestar nosso descontentamento. Mas ainda há pessoas interessadas em mudar a situação social e construir uma sociedade mais fraterna e voltada à caridade.

Como os novos casais poderiam fazer a diferença nessa caminhada? Há melhor motivo para a busca da construção de um mundo novo do que seguir o ensinamento evangélico do amor e planejar uma vida melhor para nossos filhos? Vamos conversar sobre isso.

Tarefa dos casais

- *Tarefa de casal:* O casal deverá fazer uma breve oração, ler novamente o trecho sobre as bem-aventuranças no Evangelho de Mateus e conversar entre si sobre como vai sua caminhada enquanto agentes construtores da sociedade.

- *Tarefa de grupo:* O grupo deverá conversar sobre a probabilidade de realizar objetivamente ações em favor da construção de uma nova consciência social e, quem sabe, até mesmo a possibilidade de realizar pequenas atitudes de mudança. Isso é possível?

Conclusão

Casais que se achegam ao altar e celebram diariamente o sacramento do Matrimônio não podem conformar-se em ver passivamente a sociedade à sua volta regredindo a um estágio pré-cristão. O empenho de muitos em transformar a sociedade em uma selva, onde vale a lei do mais forte e do mais poderoso, desprezando o valor de cada pessoa, seja ela quem for, tenha ela o que tiver, está levando as famílias para um final desastroso. Com certeza veremos mudanças se tivermos casais e famílias cada vez mais convictos de sua fé, que sejam testemunhas do amor, seguidores da verdade, conscientes de seus direitos e deveres, e firmes no propósito de construírem para seus filhos um novo Reino já nesta terra.

Terminemos agora o encontro com a nossa oração final.

22º ENCONTRO

E quando chegarem os filhos?

Para início de conversa

Dirigente: Neste encontro vamos conversar um pouco sobre a chegada dos filhos. Alguns casais dentre os jovens já os têm e isso deve facilitar, de certa maneira, nossa reflexão.

Vamos iniciar o encontro com nossa oração inicial.

Tarefas do encontro anterior

- *Tarefa do casal:* Depois da oração e da conversa, o casal conseguiu encontrar algum ponto que o classifique como construtor de uma nova sociedade?

- *Tarefa do grupo:* Que atitudes e ideias o grupo encontrou para ajudar na transformação da nossa sociedade? Vamos comentar brevemente?

Algumas questões comuns dos lares de recém-casados

- Tenho medo de engravidar. Acho que não estou pronta para isso.

- Tem muita coisa ruim acontecendo. Tenho medo, sinceramente, de colocar um filho neste mundo.
- Eu quero, mas ele(ela) não.
- Não é que eu não queira... Eu ainda não sei como ser pai(mãe).

Dinâmica

Vejam essa figura:

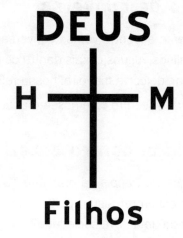

Pensando um pouco sobre a vida a dois, sobre o compromisso aceito no dia do casamento, como podemos entender essa simbologia? Cada um deverá falar o que pensa e sente a respeito dela.

- O que significa a cruz?
- Por que o casal está na linha horizontal da cruz, um na direção do outro?
- Por que Deus está acima e os filhos estão abaixo?
- Vamos refletir sobre essa simbologia?

Atualizando a Palavra para nossos dias

O trecho da Palavra de Deus que refletiremos hoje está no Evangelho de Marcos, capítulo 9, versículos 33 a 37.

Jesus pergunta a seus discípulos sobre o que conversavam pelo caminho. Os discípulos ficam envergonhados de suas atitudes egoístas, individualistas e competitivas e calam-se.

Jesus afirma que quem serve, quem se faz menor, tem maior valor. Ele pega uma criança, abraça-a e afirma que quem receber uma criança em seu nome estará recebendo a ele próprio. E que quem o recebe, recebe a Deus Pai.

Aplicando esse trecho à vida conjugal, podemos conversar um pouco sobre dois pontos:

- Somos individualistas e egoístas demais, perdendo tempo em medir o quanto somos bons e autossuficientes neste mundo, que desprezamos o amor e a doação?

- Será que temos noção de que, ao abrirmos o coração abraçando os filhos que Deus nos entrega, o estaremos abraçando? Como isso funciona neste mundo tão dominado pelo pensamento materialista?

Um pouco da vida

Na caminhada pastoral com os casais, sempre encontramos alguém que fala sobre as dificuldades para ter seus filhos. Não é raro ver jovens que sentem medo em ter mais de um filho. Há quem expresse não querer nem ao menos um filho, fechando seu coração e subtraindo do casamento uma exigência muito importante.

Geralmente vemos esses casais preocupados com a questão da violência, exibida incansavelmente pelos meios de comunicação, principalmente pela televisão. Os telejornais estão sempre apresentando cenas de violência, dentro e fora das casas, que assustam e formam nos jovens uma opinião rígida.

Outro fator que inspira o medo é a questão financeira. Muitos casais jovens afirmam ser muito "caro" ter filhos, pois, pensando em fraldas descartáveis, remédios, roupas, creche, escola etc., acreditam não ter condições de dar o melhor a esses filhos. Isso porque refletem sobre esse assunto da mesma maneira como fazem quando vão comprar um carro ou fazer uma reforma, em que o dinheiro é investido para resultar em conforto, bem-estar e até mesmo em outros benefícios.

Há aqueles que não se sentem preparados ou que querem aproveitar a vida antes de serem pais. Estes querem viajar, conhecer muitos lugares juntos, sair para as baladas com os amigos e curtir a vida. São casais que ainda não atingiram a maturidade e não compreenderam o que é casamento e vida a dois.

Há muitas outras argumentações e motivos, mas, de repente, vemos, com o tempo, surge o desespero em ver o avançar da idade e perceber que cada ano, por diversos fatores, fica mais difícil engravidar. Aí, vemos a tristeza no olhar dos casais, que se sentem como uma planta que não deu fruto.

É difícil compreender qual é a importância dos filhos para os casais? Por que os corações estão tão fechados ultimamente?

Quando é que o casal passa a ser família? Vamos conversar sobre isso.

Para refletir em grupo

Pensando em quem já superou a fase da decisão em ter filhos e olhando a realidade dos que optam por tê-los, vemos que alguns encontram problemas quando eles nascem. De repente começam a aparecer os conselheiros para indicar como eles, pais, devem criar seus filhos. Mesmo aberto ao diálogo, o casal precisa reavaliar o relacionamento com os círculos externos (parentes, amigos etc.) para que não haja o desentendimento gerado pela intromissão bem-intencionada mas, às vezes, exagerada dos outros.

Como vocês veem essa questão? Vamos comentar.

Tarefa dos casais

- *Tarefa do casal:* O casal deverá fazer uma oração junto, pedindo a Deus que o ilumine para gerar e educar os filhos, tentando fazer disso uma proposta diária.

- *Tarefa do grupo:* Por que a sociedade encara os filhos como "estorvo" e tem posições muito materialistas sobre esse assunto? Conversem sobre isso.

Conclusão

A vida a dois, dentro do sacramento do Matrimônio, celebrado com a própria vida de doação um ao outro, somente se enriquece com a chegada dos filhos, pois o casal, sem deixar de se encontrar em um contínuo namorar, precisará empenhar-se em dar aos filhos um verdadeiro lar. E isso faz crescer o amor. Ao mesmo tempo, precisará gerenciar toda uma série de interferências e informações que chegarão junto com esses filhos, não deixando que elas afetem sua unidade e os próprios projetos de vida familiar. Embora os filhos possam parecer uma dificuldade a mais na vida conjugal, como pensa e afirma uma parcela da sociedade, para marido e mulher que sentem em sua vida uma ação real de Deus, a chegada de cada filho é uma festa de alegria incomparável. E acompanhá-los em seu crescimento e desenvolvimento é a maior e mais gratificante missão que homem e mulher podem ter na vida.

Terminemos agora o encontro com a nossa oração final.

23º ENCONTRO

A quem iremos, Senhor?

Para início de conversa

Dirigente: Neste encontro, vamos refletir sobre nossa caminhada de fé. Como é possível fazer de nossa vida conjugal e familiar uma expressão da nossa espiritualidade?

Iniciemos o encontro com nossa oração.

Tarefas do encontro anterior

- *Tarefa do casal:* O casal fez a oração pelos filhos e pela capacidade de ensinarem seus filhos na fé?
- *Tarefa do grupo:* O grupo chegou a uma conclusão sobre a forma como a sociedade se comporta em relação aos filhos? Por que isso acontece?

Algumas questões comuns dos lares de recém-casados

- A fé é bonita, mas como vivê-la diariamente?
- No final, não sei se vivo a minha fé.

- Existem tantas influências na nossa vida... Como é possível manter a nossa fé?

- Eu rezo, vou à missa, mas parece que não consigo expressar minha crença.

Dinâmica

A dinâmica deste encontro é uma breve gincana bíblica: localizar no Evangelho de João o capítulo e o versículo em que Jesus afirma ser o Caminho, a Verdade e a Vida, seguindo a dica: "Doze foram escolhidos, mas um a ressurreição não viu; se a Trindade considerarmos aos que o viram ressuscitado, o capítulo acharemos".

Atualizando a Palavra para nossos dias

A Palavra de Deus sugerida para este encontro está no Evangelho de João, capítulo 6, versículos 51 a 69.

Jesus apresenta-se a todos como o Pão Vivo que desceu dos céus. Sua carne é alimento. Hoje sabemos que este alimento é a Eucaristia.

Os ouvintes não entendem como ele poderia dar-se em alimento. E hoje ainda existem muitos que não creem na Eucaristia como o verdadeiro Corpo e Sangue de Cristo.

Jesus se oferece como o alimento eterno que desceu dos céus como o maná no deserto ("aquele que vossos pais comeram"), porém, ao contrário do maná, ele promete vida eterna a quem comer de sua carne.

Muitos decidem abandonar Jesus por não compreenderem sua pregação. Pensam estritamente naquilo que é material e não enxergam a extensão espiritual da Palavra. Da mesma forma, muitos ainda não percebem a extensão espiritual da Eucaristia.

Nesse momento Jesus afirma que somente chega até ele aqueles a quem Deus Pai concede isso.

Permanece, porém, um grupo liderado por Pedro que se adianta em responder: "A quem iremos, Senhor? Tu tens palavras de vida eterna".

E nós? O que respondemos a Jesus, que ainda hoje continua nos perguntando: "Vós também quereis ir embora?". Vamos conversar a respeito.

Um pouco da vida

A opção por Jesus Cristo precisa ser mostrada pela adesão ao projeto de Deus, apresentado na vida de cada um; revela-se, também, pelo seguimento da Palavra, que conseguimos através da leitura diária de um trecho da Bíblia, principalmente dos Evangelhos. Mas, sobretudo, demonstra-se através da adesão a um grupo de pessoas que professem a fé em Deus em comunidade. A isso chamamos Igreja. Não é raro encontrarmos casais que dizem acreditar em Deus, mas que não veem na Igreja uma forma de chegar até ele. E para quem pensa que isso é um defeito dos católicos, conto o caso de José e Lúcia.

Dia desses, através de uma moça muito querida para nós e que participa com seu marido de um dos nossos grupos de novos casais, recebemos o pedido de Lúcia. O casamento com

José estava indo por água abaixo. Brigas, desentendimentos e até uma ameaça de separação já haviam acontecido em seu lar. No dia marcado, lá fomos eu e Ritinha. Ao chegar à casa do casal nos deparamos com a seguinte realidade: ambos participavam desde crianças de uma grande Igreja pentecostal. O rapaz, filho de um pastor e cunhado de um outro que faz o trabalho de resgate de famílias, estava realmente chateado com sua esposa. Ela demonstrava querer e, ao mesmo tempo, não querer aceitar o diálogo com o esposo. Conversando com o casal, fizemos estas perguntas: "Como anda a espiritualidade de vocês? Vocês oram? Vão à igreja com constância?". E então veio a resposta: "Não". Orações individuais eles faziam. Em casal, nunca. E à igreja, quase nunca iam.

Afirmamos a este casal que não adiantava assistir a louvores pela TV ou em DVD (quando chegamos à casa deles, havia um DVD desses em execução) e mesmo rezar sozinhos. A adesão a Deus passa pela oração no lar e em comunidade.

Depois de uma longa conversa e do acerto dos ponteiros entre o casal, indicamos, sem titubear: "Não deixem de ir à igreja!". Ficamos sabendo, depois, que as coisas tinham se acalmado naquele lar e, com certeza, José e Lúcia terão muito mais chances se estiverem em contato com a Igreja deles.

E isso serve para os católicos: se não vivermos unidos à Igreja fundada por Cristo sobre Pedro, perderemos a referência para a vivência da fé na vida. Vamos conversar um pouco sobre isso?

Para refletir em grupo

Na *Familiaris Consortio*, documento que nos foi deixado pelo Papa João Paulo II, encontramos a seguinte afirmação: "Entre os deveres fundamentais da família cristã estabelece-se o dever eclesial: colocar-se a serviço da edificação do Reino de Deus na história, mediante a participação na vida e na missão da Igreja". E qual é a missão dessa Igreja? Anunciar que somente Jesus, que tem "palavras de vida eterna", é o Caminho, a Verdade e a Vida para que cheguemos ao Pai, na Vida Eterna.

Quando estabelecemos o propósito de vivenciar a fé no dia a dia, começando pela nossa casa, criamos a condição para formarmos aquilo que o Papa João Paulo II chamou de "igreja doméstica", porque, em sua forma de ser e agir, a família, em Cristo, transformada em comunidade íntima de vida e de amor, coloca-se a serviço do anúncio do Reino e da sociedade, sendo agente transformador de uma realidade que se encontra decaída. Quem vive sua fé reunindo-se como Igreja não enxerga como dura a Palavra, mas a compreende, animado pelo Espírito de Deus. Vamos refletir um pouco mais sobre isso?

Tarefa dos casais

- *Tarefa do casal:* Ler o trecho sobre Jesus, Caminho, Verdade e Vida, e refletir junto sobre como fazer da vida conjugal um discipulado.

- *Tarefa do grupo:* Conversar sobre como os casais podem agir ativamente na vida de sua comunidade.

Conclusão

"Aonde iremos, Senhor? Tu tens palavra de vida eterna." A afirmação de Pedro tem que ser a nossa esperança e a nossa força na caminhada no meio de uma sociedade que cada dia pende mais para o materialismo. Encontrar Jesus, Caminho para Deus Pai, Verdade que nunca morre e possibilidade de Vida plena aqui e para a eternidade deve ser sempre o objetivo de todo casal que se une em Matrimônio.

Terminemos agora o encontro com a nossa oração final.

24º ENCONTRO

Família, imagem de Deus

Para início de conversa

Dirigente: Neste nosso encontro, o último desses dois anos, refletiremos sobre a importância da família no mundo como imagem de Deus.

Comecemos nosso encontro com a oração inicial.

Tarefas do encontro anterior

- *Tarefa do casal:* Como Jesus Caminho, Verdade e Vida pode ajudar ambos a serem missionários?
- *Tarefa do grupo:* O grupo descobriu que atividades pode desenvolver em sua comunidade?

Algumas questões comuns dos lares de recém-casados

- É verdade que a família está falida?
- Ouvi dizer que ninguém mais quer se casar. Que ninguém mais quer ter filhos... O que vai ser do mundo?

- Por que dizem que a família só atrapalha a vida das pessoas?

Dinâmica

Com o auxílio de duas lentes de aumento (lupa), vamos realizar a seguinte dinâmica: Os casais deverão providenciar um livro ou uma folha com um texto, sem ilustrações nem fotos, para que um dos presentes ao encontro faça a leitura utilizando apenas uma das lupas. O leitor deverá ficar com os dois olhos abertos e manter a lupa a uma certa distância do papel. A leitura foi fácil? As letras estavam grandes e legíveis? Certamente.

Continuando, o mesmo leitor deverá continuar a leitura utilizando duas lupas juntas! Detalhe: deverá manter uma lupa separada da outra, mantendo cada uma em uma mão, enquanto o auxiliar segurará o livro ou o texto. É possível ler assim?

Ampliamos tanto as coisas, que tudo deveria ficar mais fácil. Mas não é bem isso que acontece. A leitura fica quase impossível porque tudo está distorcido. Seria preciso duas lupas? Qual a relação disso com o que o mundo nos apresenta, distorcendo as coisas e atrapalhando a nossa vida? Vamos comentar.

Atualizando a Palavra para nossos dias

A Palavra de Deus que este encontro nos sugere está no Evangelho de Lucas, capítulo 11, versículos 33 a 36.

A luz à qual o Evangelho se refere é a verdade. A verdade deve sempre ser colocada em evidência.

Os nossos olhos iluminam nosso corpo, quando são direcionados para a verdade. Se nossos olhos são enganados (olhar ruim), somente vemos trevas.

A Palavra nos pede que avaliemos se o que vemos é verdade ou mentira.

Se virmos trevas, permaneceremos na escuridão.

Se virmos luz – a verdade –, viveremos iluminados.

Que luzes estão sendo colocadas em evidência nos nossos dias? Por que muitos querem esconder a verdade? Vamos conversar um pouco sobre esse trecho.

Um pouco da vida

Atualmente, Arnaldo e Roberta dedicam-se à Igreja e ao resgate das famílias atuando na Pastoral Familiar. Mas nem sempre foi assim.

Jovens, ao se casarem tinham planos para a vida, pensavam em crescer profissionalmente e ter tudo o que o mundo poderia oferecer. Mas Deus tinha para eles outros planos. Quando estavam com apenas quinze dias de casados, foram convidados a fazer parte de um projeto novo da comunidade, no qual se preparavam as pessoas para o Matrimônio. Aceitaram sem pensar duas vezes, mas a dedicação ainda era pequena, pois o projeto conjugal de preparar um futuro para uma família planejada com dois filhos necessitaria de um empenho maior nas coisas "do mundo". O tempo foi passando e o encontro com o Cristo foi lhes mostrando que a vontade do Pai, o seu projeto divino, era maior que a deles.

Após seis anos de casamento, os dois filhos planejados resumiam-se a apenas um; a casa grande e bonita continuava sendo uma acolhedora casinha de periferia; tinham uma cachorrinha, um carro velho e viviam felizes.

Alguns anos após ingressarem na Pastoral Familiar, em um retiro de sua diocese, a parábola do filho pródigo os tocou e os fez ver o quanto Deus esperava por seus filhos e como eles poderiam ajudar a reconduzir os pródigos para a casa do Pai. Desde aquele dia, mergulharam profundamente no projeto.

Após dezessete anos de casamento, o casal possui apenas um filho, por vontade de Deus, e embora não tenha nem 10% do que o mundo pode oferecer, tem 100% daquilo que jamais esperaram possuir: a graça de Deus e a riqueza dos verdadeiros valores da vida.

Como vocês avaliam a história de Roberta e Arnaldo? Vamos conversar?

Para refletir em grupo

As obras prediletas de Deus são o Matrimônio e a família. Assim nos apresenta o *Diretório da Pastoral Familiar* no seu capítulo 2. Deus amou tanto os seus filhos que lhes concedeu serem sua imagem e semelhança. Homem e mulher o imitam na sua unidade e na capacidade de gerar nova vida onde, aparentemente, nada existe. Mais: esposo e esposa se encontram, namoram, noivam e casam por um desejo natural de viverem juntos, completando-se um ao outro.

Mas neste mundo globalizado onde o ser humano é tratado como número e seu valor é dado pelo que pode comprar, os valores básicos e essenciais são trocados por outros passageiros, ou mesmo destruídos para que o sistema econômico, político e social possa impor o que lhe convém. Dessa forma, o Matrimônio e a família estão sendo destruídos, e a verdade do amor-doação é, então, considerada uma loucura ou uma ilusão inatingível.

Como podemos resgatar essa obra predileta e fazer dela uma realidade possível e salvadora para a sociedade, uma verdadeira imagem de Deus brilhando para o mundo?

Tarefa dos casais

- *Tarefa do casal e do grupo:* A tarefa de cada casal deste grupo, neste último encontro, é colocar-se à disposição da Igreja e da sociedade, formando outros grupos de novos casais. Que cada casal torne-se um dirigente e que todos possam participar de uma Pastoral Familiar transformadora da realidade deste século.

Conclusão

O testemunho de amor-doação, simbolizado pela cruz de Cristo, é a solução para que a família retire de si aquilo que a faz ter um olhar distorcido sobre a realidade e encontre a verdade em sua vida. Em um mundo superficial, de amores passageiros, a cruz mostra como pode ser profunda a caridade quando se ama verdadeiramente, pois, na doação ao outro até o fim, encontramos um sentido para a vida humana e, também, para a família. Nesse caminho da vida cristã a família é capaz de realizar o projeto de Deus porque se torna caridosa e misericordiosa. Como no desejo dele, a família, sua obra predileta, por amor se ajuda mutuamente e apoia a si mesma e a outras na caminhada. Dessa forma, essa família torna-se imagem de Deus, que é Amor, e essa Boa-Nova precisa ser difundida a todos.

Terminemos agora o encontro com a nossa oração final.

ENCONTRO EXTRA

Modismos, ameaças ou perigos reais?

Para início de conversa

Dirigente: Este é um encontro extraordinário para a reflexão da postura do casal perante o que nos é apresentado nos dias de hoje. Os meios de comunicação insistem em apresentar "novas" ideias, mostrando-nos uma modernidade que às vezes parece inocente, mas que pode tornar-se bastante nociva à vida conjugal e familiar. Como resistir a essa onda que nos pode arrastar? Isso é o que vamos refletir neste encontro, mas antes vamos fazer nossa oração inicial.

Algumas questões comuns dos lares de recém-casados

- Será que o que vemos na televisão influencia nossa vida?
- Imagina! É só diversão! Uma forma de passar o tempo sem problemas.
- Essas coisas nunca vão acontecer aqui em casa!

Dinâmica

Busque alguma imagem de ilusão de ótica na internet. Sugerimos digitar o termo "ilusões de ótica" no Google (www.google.com.br) e pegar uma das figuras. Imprima-a e mostre aos casais. O que eles acham dessa imagem? Qual a comparação que podemos fazer entre a ilusão de ótica e os meios de comunicação? Vamos comentar?

Atualizando a Palavra para nossos dias

A Palavra de Deus que este encontro nos sugere está no Evangelho de João, capítulo 18, versículos 33 a 38.

Pilatos retorna ao palácio, à presença de Jesus, cheio de dúvidas, pois havia ouvido muitas mentiras por parte dos acusadores.

Jesus pergunta a Pilatos se o questionamento que ele faz vem de sua própria reflexão ou se é fruto do falatório das pessoas que cercavam o palácio.

Pilatos tenta fugir de Jesus devolvendo-lhe a pergunta: "Acaso sou eu judeu?". Ou seja, tenta fugir afirmando que somente judeus poderiam aceitar e compreender os motivos daquelas acusações. Aqui, mesmo tendo ouvido tudo o que foi dito de bom e de ruim sobre Jesus, Pilatos não deseja se envolver, nem sequer para fazer a justiça.

Quando Jesus fala que seu Reino não é deste mundo e que veio para dar o testemunho da verdade, Pilatos reage: "O que é a verdade?". E mais uma vez tenta fugir, sem querer fazer um julgamento com base nas evidências que tem à sua frente.

A vida nos dias de hoje imita os momentos finais do julgamento de Jesus, segundo o Evangelho de João. Atualmente muitos não desejam fazer um juízo sobre o que lhes chega através das pessoas e dos meios de comunicação, para ficar em uma posição cômoda, sem envolvimento e, principalmente, de conveniência. Assim como Pilatos, hoje muitas pessoas aceitam "meias-verdades" ou até mesmo mentiras para manterem suas conquistas (dinheiro, poder, fama, posição social etc.).

Será que essas atitudes podem construir uma boa família? Condutas como a de Pilatos garantem a verdadeira felicidade? Vamos comentar.

Para refletir em grupo

O que é a verdade? Essa indagação de Pilatos a Jesus Cristo encaixa-se perfeitamente em nossos dias. Atualmente vemos uma grande quantidade de ideias e ideologias bastante conflitantes nos sendo oferecidas. Algumas são muito absurdas, mas elas são repetidas com tanta constância pela sociedade e pelos meios de comunicação que, com o passar do tempo, vão sendo assimiladas e logo passam a não ser mais tão discrepantes. Muitas dessas inverdades são descaradamente formas de conquistar o maior número de pessoas para uma causa, para um novo "estilo de vida" e, até mesmo, para um novo produto ou serviço. Não saber o que é a verdade faz com que as pessoas desejem oferecer algo que elas acreditam ser bom, ainda que não seja ético, moral, nem tampouco saudável. E o mesmo desconhecimento da verdade faz com que muitos acolham as mentiras e as aceitem, inclusive transmitindo-as a outras pessoas.

Não é raro vermos ou ouvirmos na TV, nas rádios, nos meios de comunicação impressos e, principalmente, na internet – fórum livre para a difusão de todo tipo de atitude, ideia ou ideologia – grandes absurdos. É como se alguém, em determinado momento, tivesse uma iluminação, um estalo, e pronto! Mais uma "nova verdade". Quando essas comunicações nos chegam por iniciativa de grupos organizados, partidos políticos, associações ou empresas, a situação fica mais perigosa e séria, pois eles possuem poder financeiro e recursos diversos para manter no ar suas "verdades", até que elas sejam derrubadas ou caiam no desuso.

Entre tantas inverdades são pregados o nazismo, a eugenia, o sexo e o amor livres, o aborto, a infidelidade real e virtual, o fracasso e a destruição da família, o fim do casamento como instituição, a apologia da discriminação racial, da homossexualidade, o feminismo radical, a resistência do machismo etc. São milhares de influências nocivas ao casal e à família.

Novelas, filmes, propagandas, artigos, sites, matérias... há muitas ferramentas disponíveis para desviar as pessoas do caminho da verdade. Mas não acreditamos que a solução seja censurar através de órgãos governamentais ou mesmo de associações regulamentadoras, porém indicamos alguns pontos para reflexão dos casais:

- Conhecer a Verdade de Deus, que sempre nos indica o caminho do bem em contraposição ao do mal.

- Conhecer a si mesmo e saber para onde se pretende ir. Quem não sabe para onde está caminhando na vida corre um sério risco de nunca chegar a lugar algum.

- Assistir, ver, ler e ouvir tudo com um grande senso crítico. Não aceitar tudo "de primeira", sem antes questionar e pesquisar, buscando maiores informações.
- Defender, principalmente dentro de casa, o que é verdadeiro. Não se calar diante da mentira.

Vamos conversar sobre como essas atitudes podem ajudar os casais e as famílias.

Tarefa dos casais

- *Tarefa do casal:* Refletir a dois sobre como anda a verdade em casa. O que é que ambos andam acolhendo como verdade e o que é acolhido como engano, mentira ou erro? Que atitudes podem ser tomadas no lar para que a mentira não seja acolhida como um bem dentro de casa?

Conclusão

Há muita coisa sendo exposta para nós. Porém, quando afirmamos a necessidade de o casal estar firmemente unido pelos laços do Matrimônio, profundamente ligado a Deus e testemunhando a verdade, é porque acreditamos que esta é a saída à oferta de inverdades e mentiras que hoje desaba sobre as famílias. Sendo críticos, os casais poderão refletir melhor sobre sua realidade, a fim de poderem resistir aos apelos que não servem para suas vidas. Casais que sabem para onde desejam ir sabem bem onde devem pisar e como devem andar. O Caminho é o Cristo. E a Verdade e a Vida também. Com a fé em Jesus se pode avançar tranquilo, ainda que os ventos sejam contrários e as ondas insistam em balançar nossa embarcação. É ele quem nos diz: "Todo aquele que é da verdade escuta a minha voz". Ouçamos a voz do nosso Salvador e sigamos em frente na caminhada para o Reino.

Terminemos agora o encontro com a nossa oração final.